AF176374

SIMONS GUTE GEDANKEN

von

Simon Dost

FSC
www.fsc.org

MIX

Papier aus ver-
antwortungsvollen
Quellen
Paper from
responsible sources

FSC® C105338

Simon Dost

Simons gute Gedanken

Was mir das Leben so alles bietet

Impressum

Autor: Simon Dost
Unterstützt von: TIME-VISIONS, Adrian Muff

Bibliografische Information der Deutschen Nationalbibliothek:
Die Deutsche Nationalbibliothek verzeichnet diese Publikation in
der Deutschen Nationalbibliografie; detaillierte bibliografische
Daten sind im Internet über http://dnb.dnb.de abrufbar.

Herstellung und Verlag: BoD – Books on Demand, Norderstedt

ISBN: 978-3-7526-3028-2

INHALT

WARUM ICH DIESES BUCH SCHREIBE

Ich schreibe das Buch, weil es für mich eine **Herzensangelegenheit** ist und ich schon immer einmal ein Buch schreiben wollte, aber nie richtig die Zeit dafür gehabt habe. Meine ganzen Erfahrungen, die ich in meinem bisherigen Leben erlebt und gesammelt habe, ist in diesem Buch mitvorhanden. Meine ganzen Gedanken und Ideen spiegeln sich in diesem Buch wieder. Das bin ich oder besser gesagt, das Buch ist ein Teil von mir. Außerdem kann ich soviel Gutes machen. Mit diesem Leseprodukt habe ich die Möglichkeit Soziale Organisationen, die mir ans Herz gewachsen sind zu unterstützen und kann durch Vorträge auf diese Projekte aufmerksam machen. Denn ¼ werde ich behalten und ¾ gehen an die verschiedenen Projekten oder Einrichtungen, die mir sehr gut gefallen. Das ist sogar der Hauptgrund warum ich dieses Buch geschrieben habe um etwas Gutes und Positives zu leisten und einen ersten Schritt machen und nicht nur Reden, wie viele Menschen es tun. Mir selbst ist es persönlich wichtig, dass die Menschlichkeit wieder an aller erster Stelle kommt und nicht einfach ignoriert wird.

Wem ich das Buch widme!

Ich widme dieses Buch an allen Menschen, die immer zu mir gehalten haben. Meiner Familie und Freunden, die mich unterstützen wo es nur geht. An allen Menschen, die immer Positiv denken und sich von nichts aber auch von niemanden herunterziehen lassen und immer für ihre Mitmenschen da sind, ganz egal zu welcher Uhrzeit. An allen Menschen, die sich ehrenamtlich und sozial engagieren in welcher Funktion auch immer. An allen Leser/innen, die sich die Zeit nehmen mein Buch zu lesen. Und natürlich zum Schluss an Jesus Christus, der für unserer Sünden und mich gestorben ist und immer an mich geglaubt hat und mich seelisch wie moralisch immer unterstützt hat. Vielen herzlichen Dank an alle. Mögen alle Menschen, die das Buch in ihren Händen halten, Glück und Gottes Segen bringen!

Ich kann die Welt verändern!

Ich kann die Welt verändern und Positives dazu beisteuern. Das ist echt unglaublich. Das Gefühl zu haben, etwas Tolles und Gutes bewirken zu können, ist nicht zu beschreiben und auch nicht auszudrücken. Mit Liebe voran gehen und ein Zeichen setzen in diese schwierigen Zeiten ist genau mein Ding. Ich bin so froh und Glücklich, dass ich die Möglichkeit bekommen habe, dieses Buch endlich in die Tat umzusetzen und dann hoffentlich viele Menschen erreichen kann, ebenfalls Gute Dinge selbst geschehen zu lassen und wie eine Lawine in Gang zusetzen oder wie ein Dominostein, der umfällt und weitere Steine mitzieht.

Ich wollte schon immer ein Buch schreiben, hatte aber nie wirklich die Zeit dafür gehabt, weil ständig neue Termine zugestoßen waren. Erst Arbeiten und dann noch Hobby-Time, ich war zuletzt so ausgelastet, dass ich so gut wie jeden Tag in Vereinen tätig war. 5 verschiedene Chöre, Schreibverein, Politik, dann in eigener Sache Soziales Engagement (Glücksbringer) und Kulturverein in Eberbach beschäftigten, neben dem normalen Arbeiten im Krankenhaus, meinen kompletten Alltag. Da war kein Buchschreiben in Sicht.

Außerdem hatte ich auch nicht wirklich eine Idee über was ich schreiben konnte oder sollte. Bis diese neue Zeit in mein Leben kam und alles stilllegte und man nichts mehr machen durfte. Von 100 hochgefahren auf Null Stillstand innerhalb weniger Tagen. Eine Zeit zum Nachdenken und innehalten. Da wurde mir auf einmal bewusst, dass ich jetzt die Zeithabe, endlich ein Buch zu schreiben und zu gestalten. Ein Buch, mit dem ich dann Gutes tun kann und Live in Vorträgen auch auf Dinge aufmerksam machen kann, die mir persönlich sehr gut gefallen, wie verschiedene Soziale Projekte, die ich schon seit Jahren unterstütze. Ich bin auch immer wieder auf der Suche nach neuen Möglichkeiten und Projekten. Denn es gibt so viele tolle Projekte oder auch Einrichtungen, die man unterstützen sollte, wenn nicht sogar müsste. Ganz getreu dem Motto: **Ich mach es einfach!**

ÜBER MICH

Mein Name ist Simon Dost und bin am 16.12.1982 in Eberbach geboren. Ich habe ein jüngeren Bruder. Als kleiner junge, habe ich viel ausprobiert. Fußball spielen, Leichtathletik, Tischtennis, Pfadfinder und Schulband hab ich gemacht. 1998 bin ich dann zum Chorsingen gegangen.

2001 war ich ein Mitglied der A cappella Gruppe Rocky Harmonists und war 2006 in China, 2009 in Süd Korea und 2012 in Cincinnati jeweils bei den World Choir Games zu deutsch Weltmeisterschaften im Chorsingen. In denUSA gewannen wir eine Bronze Medaille, was unser größter Erfolg war. 2001 machte ich einen Werksreal-Abschluss und lernte dann von 2002 bis 200 Bürokaufmann wo ich auch mit Abschluss absolvierte. Seit dem 1. September 2006 bis heute arbeite ich im Krankenhaus in Eberbach im Hol- und Bringdienst. Seit 2018 singe ich im Chor MobilTON Chor der Lebenshilfe in Eberbach und engagiere mich seit 2018 auch politisch in Eberbach.

Ich interessiere mich sehr für Soziales Engagement. Ich unterstütze mehrer Projekte und seit 2019 habe ich sogar 3 Veranstaltungen für verschiedene Projekte mit musikalischen Künstlern veranstaltet.

Mit Glücksbringer gehe ich selbst in Altersheime und singe dort mit den älteren Menschen Volkslieder. 2010 machte ich einen Kurs an der Volkshochschule für kreatives Schreiben. Ich bin   aktives Mitglied im Depot 15/7 der Kulturverein Eberbach. Seit 2019 singe ich in Marbach am Neckar bei den Sängerknaben mit. Außerdem unterstütze ich ein Schulchor als aktiver Sänger. Seit 2018. Ich habe mal 3 Jahre lang in einem Fastnachtsverein mitgewirkt.

Ich habe seit 2018 eine Patenschaft für ein Mädchen übernommen. 2016. Nahm ich mit einem besten Freund eine eigene CD auf, die Texte schrieb ich selbst. In der Grundschule spielte ich bei einer Theateraufführung einer der Hauptrollen mit.

Beruf

ZEHN GRÜNDE WARUM ICH ARBEITEN GEHE:

1. Ich gehe arbeiten um Geld zu verdienen und finanziell frei und unabhängig zu sein. Ohne Geld kommt man ihm leben nicht sehr weit und ist ständig auf andere Menschen angewiesen was natürlich schlimme folgen mit sich trägt wie Schulden machen usw. und ist man einmal in den Sumpf drin, dann kommt man nur noch sehr schwer daraus.

2. Ich gehe arbeiten um mir selber meine Träume zu erfüllen die ich mir gestellt habe. Es ist nämlich wichtig, seine Träume nach zugehen und ein Ziel vor Augen zu haben.

3. Ich gehe arbeiten um die Rentenkasse aufzufüllen und später mal davon zu profilieren und auch wenn ich in Rente gehe Rentengeld zu erhalten, was ich mein ganzes Leben lang einbezahlt habe und dann den Rest meines Leben von leben kann.

4. Ich gehe arbeiten um meiner Familie die später einmal haben werde zu unterstützen und wir ein gutes und schönes Leben haben werden.

5. Ich gehe arbeiten weil ich ein geregeltes Tagesablauf habe und mir die Decke vor lauter Langeweile nicht auf den Kopf fällt, weil man irgendwann zuhause alles schon gesehen hat

und alle Serien in und auswendig kennt und erzählen kann.

6. Ich gehe arbeiten um mir eine Wohnung suchen zu können und von zuhause auszuziehen. Später einmal soll das Ziel ein eigenes Haus zu besitzen sein.

7. Ich gehe arbeiten um in einer WG mit Freunden oder neuen Menschen wohnen zu können und diese mit finanzieren zu können.

8. Ich gehe arbeiten weil ich mich im Beruf weiterbilden möchte und höhere Posten aufsteigen kann um mehr Verantwortung zu tragen und mich vor Herausforderungen zu stellen.

9. Ich gehe arbeiten weil ich ein Vorbild für die Allgemeinheit sein möchte und mir nichts zu schulden kommen lassen will und mir selbst sagen kann, dass ich alles legal und ohne schummeln gemeistert habe.

10. Ich gehe arbeiten weil ich meinen Kindern mal eine Weiterbildung ermöglichen möchte und ihre Hobbys mit finanziere. Außerdem sollen sie als Kinder auch Taschengeld bekommen, dass sie sich für guten Taten erhöhen können.

ZEHN GRÜNDE WARUM ICH URLAUB BRAUCHE:

1. Ich brauche Urlaub, weil ich auch mal die Nacht zum Tag machen kann und ich mich Informieren kann, denn ich habe gemerkt, dass die Besten Dokumentationen oder Berichte spät in der Nacht folgen, wo die meistens schlafen gehen, weil sie am nächsten Tag früh aufstehen müssen um in Arbeit zu fahren.

2. Ich brauche Urlaub, dass ich mich im Alltag auch mal entspannen und länger in Bett liegen kann. Denn der Alltag wird immer stressiger und härter.

3. Ich brauche Urlaub um auch mal in Urlaub fahren bzw. fliegen kann um mich entweder zu erholen oder aber auch um neue Kulturen kennenzulernen.

4. Ich brauche Urlaub um mich für einen neuen Beruf umzusehen, der mir mehr Spaß und Zufriedenheit bietet als mein jetziger Beruf, indem ich eine Woche mal ein Praktikum absolvieren kann.

5. Ich brauche Urlaub um mehr Zeit für meine Hobbys und Soziales Engagement zu haben, indem ich dort aushelfen kann und etwas für meine Zufriedenheit beisteuere.

6. Ich brauche Urlaub um meine Ziele und Wünsche voranzubringen, indem ich mehr Zeit investieren kann 8 bis 10 Stunden mehr Zeit dafür zu haben ist Goldwert.

7. Ich brauche Urlaub um mehr Zeit für meine Freunde und Familie zu haben und mich mehr um meiner Partnerschaft bis Kinder zu kümmern.

8. Ich brauche Urlaub um mehr für meine Weiterbildung, die mich später im Beruf weiterbringt, zu lernen.

9. Ich brauche Urlaub um mehr Geld, dass ich gespart habe für neue Kleider und Schuhe auszugeben (Shoppen gehen).

10. Ich brauche Urlaub um wichtige private Angelegenheiten nachzugehen, die plötzlich und unerwartet eingetroffen sind.

Hobbies

ZEHN GRÜNDE WARUM ICH EIN
HOBBY BRAUCHE:

1. Ich brauche ein Hobby um einen guten Ausgleich für meinen Alltag zu haben, denn der tägliche Stress während der Arbeit, was im Prinzip immer dasselbe ist würde mich komplett zerstören und um mehr Kraft zu tanken brauche ich den Ausgleich.

2. Ich brauche ein Hobby um Anschluss in der Gemeinschaft zu erleben und nicht als Einzelgänger im Dorf zu bleiben und als Langweiler betrachtet zu werden.

3. Ich brauche ein Hobby um Selbstbewusster zu werden, was mich in späteren Verlauf weiterbringt. Sei es Privat wie auch im Beruflichen Sinne.

4. Ich brauche ein Hobby um Wettkämpfe bestreiten zu können und mit Leistungsdruck umgehen zu können, indem ich Strategien entwickele, dass mir weiterhilft.

5. Ich brauche ein Hobby um neue Sachen zu erlernen wie z.B. Kochen was man im Leben braucht und mit den Richtigen und wichtigen Zutaten umgehen zu können.

6. Ich brauche ein Hobby um neue Menschen kennen zu lernen, die mich später weiterbringen und inspirieren andere oder neue Sachen auszuprobieren.

7. Ich brauche ein Hobby um die Möglichkeiten zu haben mehr Reisen zu können und mehr von anderen Kulturen kennenzulernen.

8. Ich brauche ein Hobby um mehr zu trainieren um besser als andere zu werden, dass ich auch gut genug bin und mich automatisch mehr anstrenge.

9. Ich brauche ein Hobby um meine Ziele zu erreichen indem ich neue Kontakte knöpfen kann die mich weiterbringen können.

10. Ich brauche ein Hobby um ein gemeinsames Projekt oder Gemeinsamkeit mit meinem Liebsten wie Freunden oder der Familie zu teilen und mehr Zeit mit ihnen zu verbringen.

ZEHN GRÜNDE WIE EIN VEREIN VON MIR PROFITIEREN KÖNNTE:

1. Je mehr Menschen in einem Verein sind, lebt die Konkurrenz und stärkt die Konzentration und den Leistungsdruck.

2. Man bringt automatisch alleine schon durch Mitgliederbeiträge mehr Geld in das Vereinsleben, wo sich der Verein wieder mehr Ausgaben erlauben kann.

3. Man hat die Chance sich für Wettkämpfe auch international zu qualifizieren und kann um einen großen Titel, oder Medaille mit spielen und kämpfen.

4. Der Verein bekommt einen Fanclub mehr und durch die Begeisterung kann der Verein mehr an Popularität sich an eignen.

5. Die Stimmung und das Miteinander ist harmonischer, weil man selbst ganz viel wert darauf legt und man sehr viel davon mitbringt.

6. Man bringt sehr viel Erfahrung mit, weil man schon Jahre lang das gemacht hat und bringt den jüngeren alles bei: Vorbildfunktion und Charaktereigenschaften.

7. Man versucht neue Wege einzuschlagen und probiert etwas aus, dass vielleicht nicht mit dem Verein in erster Linie zu tun hat um mehr auf sich und den Verein aufmerksam zu machen.

8. Beide lernen gleichzeitig voneinander und profitieren gegenzeitig.

9. Kann von meiner Erfahrungen lernen und profitieren durch Internet und größeres Netzwerk größer und bekannter werden.

10. Können viel Geld sparen weil man einen Sponsoren mitbringt.

Liebe

WAS BEDEUTET FÜR MICH LIEBE BEI DER FAMILIE?

1. Die Familie ist für mich immer da und baut mich auf, wenn es mir mal schlecht geht.

2. Da ich ein Bruder habe, lebt es sich viel besser und schöner, denn wir können vieles zusammen machen.

3. Familie ist unbezahlbar, weil man jederzeit zurückkommen kann, wenn mal etwas nicht so läuft wie es geplant war.

4. Man lernt mit der Zeit dazu und tauscht die Rollen, sprich man kann seine Eltern verstehen, warum die so gehandelt haben, wenn man selber Kinder hat.

5. Man kann seiner Eltern alles anvertrauen, was man auf dem Herzen hat und sie unterstützenden einen auch im Normalfall.

WAS BEDEUTET FÜR MICH LIEBE IN DER PARTNERSCHAFT?

1. Man gibt und nimmt und lernt Respekt gegenseitig zu nehmen in der Partnerschaft.

2. Man hat jemanden gefunden wo man zusammen seinen Glück teilen kann.

3. Man möchte für seine große Liebe da sein und alles geben um zusammen glücklich zu werden.

4. Man teilt gemeinsame Dinge und versucht so oft wie möglich alles zusammen zu machen.

5. Man genießt den Augenblick oder hat das Gefühl, das wenn man von der Arbeit nach Hause kommt, jemand auf einen wartet der mit mir seine und meine Macken teilt und es gut findet.

WAS BEDEUTET MIR FREUNDSCHAFT?

1. Meine Freunde sind immer für mich da und wir können über alles reden.

2. Man unternimmt sehr viel miteinander und hat eine Menge Spaß dabei.

3. Meine Freunde sind immer ehrlich zu mir und sagen ihre Meinung mir mitten ins Gesicht.

4. Man erlebt mit bestimmten Freunden sehr viel von Anfang an. Sprich seit dem Kindergarten und ist sogar noch 30 Jahre später befreundet.

5. Wir lernen gegenseitig und können uns für etwas pushen.

WAS GIBT MIR SELBSTLIEBE?

1. Es ist wichtig auch sich selbst mal eine Freude zu gönnen und sich selbst für gute Taten zu belohnen.

2. Selbstliebe gibt Selbstvertrauen und man macht auch mal den Mund auf und sagt nicht ständig zu allem Ja.

3. Man darf sich niemals mit anderen vergleichen, denn jeder Mensch ist gleich viel wert.

4. Man bleibt sich selber treu und trägt für sein eigenes Leben Verantwortung, was auch sehr gut ist.

5. Wenn man immer wieder auf die eigene Schnauze gefallen ist und trotzdem weiß, dass man mindestens einmal mehr wieder aufgestanden ist und weiß *ich schaffe oder meistere jede Situation.*

Soziales Engagement

1. Wenn ich mich soziale engagieren kann, dann geht es mir sehr gut, weil ich etwas sinnvolles tun kann.

2. Ich engagiere mich sozial, weil ich mit anderen Menschen etwas großartiges aufbauen kann und die Erde besser gestalten kann.

3. Ich engagiere mich weil man mit Taten mehr erreicht, als nur mit Worten. Denn manchen ist das Gegenteil von Reden.

4. Ich engagiere mich, weil man selbst viel tun und erreichen kann und so hoffe ich, dass ich viele Menschen erreichen kann, selbst auch was zu machen.

5. Ich engagiere mich, weil es zuviel Armut auf dieser Erde gibt und unbedingt etwas gesehen muss.

6. Ich engagiere mich, weil es mir persönlich Selbstvertrauen gibt und ich auf andere Menschen zulaufen kann.

7. Ich engagiere mich, weil es mich befriedigt, ich kann nicht anders. Es ist wie eine positive und legale Droge in mir, das süchtig macht und ich nicht anders kann.

8. Ich engagiere mich, weil ich es für selbstverständlich sehe, andere Menschen zu helfen die in Schwierigkeiten sind ganz egal in welcher und was für eine Art auch immer.

9. Ich engagiere mich sozial, weil ich für Menschlichkeit und Liebe stehe und mir helfen absolut nichts aus macht. Denn helfen macht sehr viel Spaß.

10. Ich engagiere mich, weil es nicht immer kosten muss um Kleinigkeiten positiv zu gestalten und wenn doch, dann tun es auch kleine Beträge im Monat.

VORTEILE FÜR DEN VEREIN

1. Der Vorteil für den Verein ist, dass ich Beiträge für den Verein mitbringe was dem Verein wieder rum zu gute kommt und z.B. durch meine Fördermitgliedschaft Ausgaben planen kann.

2. Der Vorteil für den Verein ist, dass ich durch mehr Vernetzung im Internet auf diesen Verein aufmerksam machen kann um möglichst viele Menschen zu erreichen.

3. Der Vorteil für den Verein ist, dass er mich im Ausland einsetzen kann um mehr Orte zu erreichen.

4. Der Vorteil für den Verein ist, dass ich durch meine Beziehungen Kontakte herstellen kann die für den Verein von großer Bedeutung sein können.

5. Der Vorteil für den Verein ist, dass ich von anderen Vereinen Erfahrungen mitbringe und den Verein somit weiterbringen und unterstützen kann.

6. Der Vorteil für den Verein ist, dass ich durch meine Sprache auch im Ausland einsetzbar bin und mich dort mit den Menschen in Verbindung setzen kann.

7. Der Vorteil für den Verein ist, dass es mir nichts ausmacht anderen Menschen zu helfen und Tag wie Nacht einsetzbar bin.

8. Der Vorteil für den Verein ist, dass ich ihn mit Sponsoren werde und gleichzeitig mich für die Werbung kümmern kann.

9. Der Vorteil für den Verein ist, dass ich für Leidenschaft und Herzblut brenne und alles gebe um soviel wie möglich für diesen Verein an Einsatz bringen werde.

10. Der Vorteil für den Verein ist, dass ich so geboren wurde und nichts anderes kann und möchte als Gutes zu bewirken.

Träume

WAS SIND MEINE WÜNSCHE

1. Ich wünsche mir Frieden auf dieser Welt, dass es kein Leid mehr gibt.

2. Ich wünsche mir, dass Menschlichkeit wieder an aller erster Stelle steht und jeder jedem hilft, der Hilfe braucht.

3. Ich wünsche mir, dass allen Kindern eine faire Chancen erhalten und nicht in 2 Klassen aufwachsen, so dass auch Kinder die in Harz 4 Familien leben berücksichtigt werden und die gleichen Chancen bekommen wie reiche Kinder.

4. Ich wünsche mir auch, dass alle Frauen und Mädchen mit den Jungs und Männern gleichgestellt werden und das gleiche Geld für dieselbe Arbeit bekommen und das weltweit.

5. Ich wünsche mir, dass es keine Obdachlosen mehr gibt und diese Menschen mir Respekt und Hochachtungsvoll behandelt werden.

6. Ich wünsche mir, dass mehr auf Kindern gehört wird und man selbst anfängt die Welt in Kinderaugen zu betrachten und zu behandeln.

7. Ich wünsche mir, dass allen Waffen und Panzer so wie alles was schaden anrichtet, vernichtet wird und zwar weltweit.

8. Ich wünsche mir, dass man wieder mehr zum Glauben und Beten anfängt, denn die Hoffnungen dadurch sind echt Positiv.

9. Ich wünsche mir, dass man dankbar ist, auf das was man hat und auch erreicht hat und nicht alles als selbstverständlich betrachtet und ansieht.

10. Ich wünsche mir, dass man wieder anfängt alles Positiv zu sehen und mit Liebe an alles vorangeht.

WAS SIND MEINE ZIELE

1. Mein Ziel ist es, ein schönes und erfolgreiches Leben zu führen.

2. Mein Ziel ist es, gesund zu bleiben um möglichst viel zu erreichen.

3. Mein Ziel ist es, ein Buch zu schreiben und somit Gutes zu bewirken.

4. Mein Ziel ist es, mich weiterhin sozial einzusetzen um viele Menschen zu helfen.

5. Mein Ziel ist es, Ideen zu sammeln und umzusetzen, wo viele Menschen davon profitieren.

6. Mein Ziel ist es, weiterhin mehr in Altersheimen zu Touren und den älteren Menschen eine Freude zu bringen, indem ich mit Ihnen Singe, Vorlese oder auch Spielen werde.

7. Mein Ziel ist es, irgendwann einmal eine glückliche und zufriedene Familie zu gründen. Mit allem was dazugehört.

8. Mein Ziel ist es, mich ständig weiterzuentwickeln und niemals stehen zu bleiben. Mit dem Streben immer besser zu werden.

9. Mein Ziel ist es, stärker und selbstbewusster im Glauben zu werden um aktiv an Wunder und Hoffnungen teilzunehmen und selbst dazu beitragen.

10. Mein Ziel ist es, mutiger in allen Entscheidungen die ich treffe zu werden um mir später nichts vormachen zu müssen, hätte ich es damals nur getan.

Ausführliche Gedanken

Menschen die sich für andere Menschen in schwierigen Zeiten einsetzen, dass sind wahre Helden und Vorbilder für mich. Die etwas in die Hand nehmen und es dann auch in die Tat umsetzen. Da können sich einige Menschen, die an der Macht sitzen tausende von Scheiben abschneiden :-D

Menschen die sich generell für etwas Positives in unsere Gesellschaft einsetzen und engagieren, kann man gar nicht genug in Worte fassen.

Dankeschön für Euer Einsatz, ihr seid unbezahlbar, Menschlichkeit ist etwas das man niemals kaufen kann. Entweder man hat es, oder nicht. Danke, danke, danke, für Euer Engagement.

Egal für was man sich einsetzt und einbringt :-D Es ist SUPER und GENIAL, dass es Euch gibt, denn ihr denkt nicht mit dem Kopf sondern mit den Herzen und ihr rettet nicht nur Leben, sondern schenkt Menschen Mut, Hoffnung und Glaube kurz und knapp Ihr schenkt Ihnen ein Neues Leben bzw. eine Zukunft und darauf kommt es an :-D

Vielen Herzlichen Dank, dass kann man gar nicht oft genug sagen auch wenn so etwas leider kaum gewürdigt wird, denn es ist ja Positiv und es darf ja leider nur Schlechtes gepostet bzw. Berichtet werden. **Übrigens:** Ich würde mir viel mehr Positive Nachrichten auch in den Medien wünschen und zwar täglich - Jedenfalls vielen Dank für Euer Engagement!

Verzichten bedeutet Luxus zu haben! Das heißt wenn du etwas nicht unbedingt sofort brauchst, kannst du dir eine Menge an Geld, Zeit und Ärger ersparen :-D Geld, weil am Anfang wenn es Neu ist 300 Prozent teurer ist wie wenn paar Monate oder Jahre vergangen ,ist, wo man es dann als Schnäppchen bekommen kann. Gut ist zwar dann nicht mehr ganz modern, aber immer noch in Mode. Braucht man wirklich immer gleich alles Neu und z.B: immer das neuste Handy? Ich für mich eindeutig Nein!

Zeit, weil man sich nicht mehr mit den Dingen beschäftigen muss und sich ständig unnötige Gedanken darüber macht, was zum körperlichen und Seelischen Schmerz führen kann, dass schlimme Folgen haben könnte.

Ärger, weil man dann nicht in Schulden verfällt, denn immer den puren Luxus haben zu müssen ist eine schlimme Sucht, die vielen Menschen einen Berg voller Schulden bringt und dann ist man eigentlich vom Luxus ganz tief nach unten gerutscht und kommt so gut wie nicht mehr heraus.

Denn Luxus muss man sich leisten können, aber auf etwas Verzichten ist automatisch Luxus zu haben, denn viele Menschen geben leider an um andere Menschen zu gefallen oder andere Geschlechter zu imponieren und geraten aber in etwas hinein wo man ganz schnell in eine Geldfalle tappt und das ist überhaupt nicht gut.

Außerdem wenn man auf etwas Verzichtet, dann freut sich der nächste der das letzte kaufen kann und so schnappt man vielleicht jemanden etwas weg, obwohl man es nicht unbedingt braucht, nur um es zu besitzen und der nächste geht dann leer aus und ist furchtbar traurig und das wollen wir ja nicht oder?

Manchmal hat man innere Bedürfnisse und muss was irgendwie loswerden auch wenn man komisch von der Seite her angeschaut wird. Vielleicht will Gott von mir, dass ich ein kreativer Prediger in Schriftwort bringe. Man fragt sich auch wann der richtige Zeitpunkt gekommen ist, darüber zu schreiben. **Eindeutig jetzt!**

Als Christ hat man unter anderem auch die Aufgabe, andere Menschen aufzuklären die sich so gut wie nie mit dem Glauben beschäftigt haben. Als Christ meine ich nicht Kirchlich gesehen, weil da wird sehr oft ein Dreck erzählt und falsch gehandelt. Ich bin Katholisch ich weiß wie bescheuert und ungläubig die zum Teil sind, aber auch die werden noch sehr früh zu Rechenschaft gezogen, denn die Bibel ist gerecht dafür sorgt der Liebe Gott so was von.

Es gibt Dinge im Leben, die kann man nicht beschreiben, die muss man gemacht oder selbst erfahren haben. Ich weiß wovon ich rede auch ich habe die Ehre gehabt eines Geistestaufe live und von Angesicht zu Angesicht erfahren zu haben. Das war alles andere nur keine Einbildung. Ich weiß es klingt total verrückt, aber es ist fakt. Tja, was ich sagen will ist, die Bibel lügt nicht. Alles was geschehen war und noch kommen wird steht nun mal in der Bibel. Man kann der Wahrheit nicht entkommen.

Irgendwann wird die Wahrheit ans Tageslicht kommen und wir werden es alle miterleben, ob wir wollen oder nicht. Ich habe keine Angst und Freue mich darauf. Wie gesagt die ganze Wahrheit steht in der Bibel. Es ist noch nicht zu spät. Warum wohl wird alles gerade auf Null heruntergefahren?

Das man sich endlich mal Zeit für sein Glauben nehmen kann, denn sonst hat man keine Zeit, weil alles stressiger wird, und wem würde es schaden? Wer hätte dadurch Erfolg? Dem Menschen selbst schadet es genauso wie dem lieben Gott, der uns wirklich über alles liebt. Er duldet soviel und gibt uns immer wieder neue Chancen uns mit ihm und der Bibel auseinanderzusetzen.

Der Fernseher ist nur Gift und eine sogenannte Gehirnwäsche, manipuliert die Menschen wo es nur geht und leider fällt die meisten darauf rein. Es geht nur noch um ich oder reicher, besser, perfekter was uns natürlich alles selbst kaputt macht. Weil immer perfekt sein zu müssen, was quatsch ist, denn der Mensch ist nicht dazu gemacht perfekt zu sein und zweitens ist jeder Mensch auf seiner Art und Weise perfekt und einzigartig.

Aber der Machtkampf gegenüber uns macht uns kaputt. Noch ein anderes Beispiel, jeder Gedanke oder Idee, glaubt ihr wirklich, dass ihr da ganz von allein darauf gekommen seid? Oder war es nicht doch Gott, der jedem von uns einen

Plan hat und uns sein Grundgedanke schenkt indem glauben wir hätten es von ganz allein gemacht, dabei war es einzig und alleine Gotts Gedanke.

Tja, ich weiß, manche Glauben nur was sie selbst sehen, aber woher kommt den der Satz: Glaube mir und hab vertrauen, alles wird gut. Jedenfalls, hat Glauben und Beten noch niemanden geschadet. Hoffen wir mal, ich konnte den einen oder die anderen wenigstens ein bisschen zum Nachdenken bringen. Der Schlüssel zum Erfolg ist: Jesus Christus.

Amen!

14. FEBRUAR
(VALENTINSTAG ODER AUCH DER TAG DES DANKENS)!

Ich finde man sollte alle 14 Tage eines jeden Monats ein Tag des Dankens einlegen, denn man kann nie genug Danke sagen bzw. Dankbar sein. Das würde unsere Welt ganz gut tun. Also nicht nur für verliebte Paare oder Frau und Mann, sondern für alle Menschen die einem etwas bedeuten und gut meinen.

Eltern, Oma und Opa, Geschwister, Freunden, Kollegen/innen, Projekte, die etwas positives in unsere Welt erreichen und auf Negative Missstände aufmerksam machen und etwas dagegen tun, oder auch sich selbst danken, weil man anderen Menschen hilft indem man sich für etwas einsetzt und für andere Menschen immer da ist, weil man selbst Menschlichkeit zeigt und sich nicht von vielen Menschen negativ beeinflussen lässt.

Weil man selbst auch mit Respekt behandelt werden möchte, was leider immer noch zuviel missachtet wird. Es ist einfach wichtig mal Danke zu sagen, weil es eben nicht mehr selbstverständlich ist, was natürlich sehr schade und traurig ist, aber es liegt an uns selbst, wie wir drauf sind und was wir erreichen wollen und zwar mit welchen legalen Mitteln.

Jeder Mensch ist es wert, denn jeder hat am Anfang die gleiche Voraussetzung nur leider nicht alle haben die Möglichkeit normal aufzuwachsen und sich Gesund weiterzuentwickeln. Deshalb sollte man auch selbst Dankbar sein, diesen gesunden Luxus genießen zu können, aber trotzdem auf dem Teppich bleiben, denn noch zuviel läuft in unsere Gesellschaft schief. Aber jeder einzelne Mensch, kann etwas für eine Positive Gestaltung tun und muss nicht einmal viel investieren. Respekt, Liebe, Verständnisvoll gegenüber den Mitmenschen sind lauter Eigenschaften, die man zum Glück nicht mit Geld kaufen kann und doch jeder Mensch besitzt und auch weitergeben kann.

Einfach mal auf sein Herz hören und DANKE sagen. Blumen, Schokoladen, Praline Kuchen, selbstgeschriebene Gedichte (Texte) und Gutscheine sind natürlich schöne Anreize und kleine Gesten. Genauso auch Spendenbeträge für das Herzensprojekt kann man machen. Musik kommt auch immer sehr gut an.

Jedenfalls kleine Gesten, die von Herzen kommen sind am Allerbesten und man kann eigentlich nichts falsches machen. Eigen Inspiration kennt keine Grenzen. In diesem Sinne: Ein großes Dankeschön an allen Menschen, die immer positiv Denken und an allen die anderen täglich ein lächeln schenken. Es ist schön, dass es Euch gibt.

MAN DARF SICH VON NIEMANDEN AUFHALTEN UND ABLENKEN LASSEN, UM SEINE ZIELE ZU ERREICHEN

Aber vor allem sich eines merken: Weniger ist mehr. Auch kleine Schritte führen zum Erfolg, man braucht zwar ein bissel mehr Zeit und Reife, aber früher oder später kommt man dann doch irgendwie an :-D Man braucht dazu Wille, Geduld und Erfahrung mit einer Portion Fleißigkeit und Menschen um sich zu vernetzen, die anderes gut können und einem weiterbringen kann :-D Beispiel Thema Buch schreiben.

1. Du musst etwas schreiben, Gedichte, Geschichte, oder ein Gedanke. Dann brauchst du jemanden der gut im Korrigieren ist.

2. Du brauchst einen Verlag oder Menschen die es Verkaufen können.

3. Du brauchst ein Ort, wo du deine Lesung oder Vortrag halten kannst.

4. Du brauchst Menschen, die dein Buch erwerben wollen.

Viele Menschen wollen zu schnell alles haben. Berühmt und reich zur selben Zeit und sind aber nicht einmal bereit, auch für weniger oder gar umsonst etwas Vorzutragen.

Dabei ist es doch eigentlich ganz einfach. Der Erfolg kommt dann, wenn man das machen kann worauf man Lust und Bock hat. Wenn es sein muss, dann erst einmal umsonst. *Einfach machen und ausprobieren.*

Viele wissen eigentlich gar nicht wie einfach das ist und denken zu viel nach und werden immer komplizierter in ihrem Handeln. Das kostet zu viel Kraft und Energie. Ich hab mir geschworen, das zu tun worauf ich Lust hab und verschwende nicht meine Zeit mit du musst es unbedingt immer und jetzt sofort tun, sondern dann wenn ich Bock habe und setzte mir auch selbst eine Frist.

Indem ich mir immer sage, etwa 5 bis 10 mal pro Jahr mache ich das, weil es mir spaß macht und habe dann noch Zeit für andere Dinge im Leben. Ich werde mir nicht meinen schönen Arbeitsplatz versauen nur weil es wie überall Dinge während der Arbeit gibt, wo man überhaupt keine Lust dazu hat, aber die halt gemacht werden müssen. Ich bleibe dem Treu und denke an die Positiven Sachen, die mir Spaß macht und nutze die Chance oder Gelegenheit statt einen zweiten Beruf auszuüben, meine Hobbies wo ich daran wachsen und ich mir das nötige Selbstvertrauen holen kann.

Die Sachen machen mir soviel Spaß und ich arbeite für meine Hobbies, das ist der ganze Witz oder Trick dabei. Während andere immer mehr und mehr arbeiten haben zum

Teil drei Jobs und werden immer unzufriedener, habe ich mich dazu entschlossen nur noch das zu tun worauf ich Bock und Lust dazu habe, auch wenn ich mich immer wieder Wiederhole aber das ist es worauf es im Leben auch ankommt.

Man braucht Interesse und Fleiß und vor allem Disziplin auch mal auf etwas Verzichten zu können um es dann wiederum in etwas anderes zu finanzieren, was einem weiterhilft um seine Ziele oder Träume näher zukommen. Weiterbildung ist nie verkehrt doch nenne ich die Weiterbildung lieber in Erfahrung um, denn jede Erfahrung die man im Leben gesammelt hat bringt einem immer wieder weiter.

Aber um Erfahrungen überhaupt sammeln zu können, muss man hinaus in die Welt gehen, denn von zuhause aus vordem Fernseher bringt es nicht viel und man kommt sogut wie überhaupt nicht weiter, dass muss man sich immer wieder bewusst machen und immer wieder selbst sagen :-D

Ich wünsche jedem Menschen, dass er sich seine Ziele und Träume erreicht auch wenn es manchmal Jahre dauert, bis man ans Ziel gekommen ist :-D P.S: Wer mutig ist, wird oft mit Glück belohnt :-D Giltet aber nicht für bescheuerte Mutproben, denn die werden meistens mit Dummheit bestraft, die sogar zur Lähmung und zum Tode führen kann!

GEBORENER AKTIVIST

Ich bin geboren um Aktivist zu sein. Ganz egal ob in verschieden Vereinen als Hobby oder auch Soziales Engagement. Es macht sehr viel Spaß und man macht etwas bzw. gibt etwas zurück. Genauso auch wie im Netz.

Als Aktivist kann man selbst entscheiden wie viel und vor allem welche Beiträge man postet. Mal etwas zum Nachdenken, mal etwas zum Lachen, zum Weinen und eben viel Musik. Oder man macht auf irgendetwas Aufmerksam, was einem am Herzen liegt. So wie das Leben ist.

Es ist nicht immer alles schön oder Positiv. Genauso ist das Leben auch nicht alles schlecht und Negativ. Eine gesunde Mischung macht es meiner Meinung nach aus. Aber als Aktivist, entscheidet letztendlich jeder für sich, ob es mehr Positiv oder Negativ ist.

Die Frage muss sich jeder selbst stellen und beantworten. Ich finde es eigentlich Positiv, denn es gibt so viele tolle Menschen und Aktivisten/innen die dafür sorgen, dass es auf der Welt auch harmonischer zugehen kann, wenn man statt gegen mit anderen Aktivisten/innen zusammenarbeitet.

Ich bin sehr dankbar, dass wir die Macht haben Frei entscheiden und Denken zu können und das allerbeste ist.

Jeder von uns kann ein Aktivist/in sein und mehr Freude, Glück und Liebe verbreiten und man muss dafür nicht einmal ein Abschluss haben. JEDER MENSCH IST ES WERT.

TRAUMJOB GEFUNDEN!

Ich habe meinen Traumjob gefunden. Das was ich machen darf, tue ich sehr gerne, zwar habe ich oft sehr viel Stress und es gibt Dinge, die ich während der Arbeitszeit überhaupt nicht mag aber gemacht werden muss. Ich denke, das geht jedem Menschen so. Ich persönlich glaube sowieso nicht an einer Arbeit, die jeden Tag von vorne bis hinten so was von Spaß macht und man noch genügend verdient.

Wir haben oft eine Traumvorstellung und erhoffen uns wenn man seinen Arbeitsplatz riskiert weil man überhaupt nicht zufrieden ist, vielleicht wegen 300 bis 400 Euro pro Monat mehr verdienen kann, aber den Zeitaufwand oder Kollegen/innen deutlich verliert und am Ende nach vielleicht 1 bis 2 Jahren später merkt, dass es doch nicht so gut war von der Arbeitsstelle zu gehen und zu wechseln. Man schnell wieder zurückgehen möchte, aber oftmals ist es dann zu spät und am Ende steht man dann mit leeren Händen da.

Das sollte uns zu Denken geben. Deshalb bin ich zufrieden und mache das Beste daraus und die Zeit danach nutze ich voll aus um dass zu tun was ich liebe, denn der Erfolg kommt dann, wenn man tut was man liebt und das ist gut so.

Man muss es einfach machen

1 . S P I E L A B E N D   M A C H E N

Früher hatten wir mit der Familie mindestens einmal pro Woche ein Spielabend durchgeführt. Meistens hatten wir Mensch ärgere dich nicht gespielt ein Brettspiel oder auch Mau Mau ein Kartenspiel. Das schöne dadurch ist, das man zusammen mit der Familie kommt und sich austauscht, denn Reden ist sehr wichtig. Auch für Freunden unterwegs sehr geeignet und ist besser als Fernsehen.

Aktionen die sich lohnen!

Ich bin der Meinung, dass man mindestens einmal pro Woche ein Spielabend mit Freunden oder der Familie machen sollte, dass für die gemeinsame und positive Stimmung bzw. Harmonie sorgen wird.

Ich finde, dass ein Spielabend besser ist, wie Fernsehen, denn ich muss selber Nachdenken und überlegen und das stärkt mein Gedächtnis, wenn ich z.B. Memorie spiele oder auch sogar Kreuzworträtsel löse.

Ein Spielabend ist immer auch mit Spaß und Freude empfunden, wo der Spaß im Vordergrund steht. Außerdem lernt man gewinnen genauso auch wie das Verlieren, das zum Leben einfach dazu gehört.

2. ÜBER SEINE ZUKUNFT NACHDENKEN

Es ist immer sinnvoll über meine Zukunft bescheid zu wissen und sich vorzustellen, wo ich in 5 Jahren bin bzw. hin möchte und darauf hinarbeitet. Einfach paar Gedanken über mein Leben machen wo man gerade ist und wo ich sein will, ist sehr wichtig. Ich muss womöglich viel Arbeit investieren um später erfolgreich zu sein. Ohne Fleiß kein Preis!

Aktionen die sich lohnen!

Ich persönlich finde es sehr wichtig, dass ich weiß wo ich in 5 Jahren mal stehen möchte oder sein will. Deshalb ist es wichtig sich selbst reale Ziele zu setzen und sie Step bei Step, also Stufe für Stufe zu erreichen und darauf hinzuarbeiten.

Ich suche mir oft schlechte Vorbilder heraus, die sich einen schlechten Ruf erarbeitet haben um zu wissen, dass ich so ein Leben überhaupt nicht leben möchte und auf keinen Fall so sein will oder enden möchte wie sie das jetzt sind.

Man muss bereit sein alles zu geben und immer offen für

alles sein. Ich kann niemals sagen, dass könnte ich mir nicht vorstellen, denn in ein paar Jahren mache ich das vielleicht sogar. Das Leben steckt voller Überraschungen Positiv wie auch Negativ und muss es so nehmen wie es kommt um daraus zu lernen.

3. SICH FÜR DINGE ZEIT NEHMEN!

Ich schließe oft viel zu schnell ab und nehme mir nie richtig viel Zeit für etwas. Mir gehen ständig Tausend Dinge durch den Kopf und habe immer mehrere Projekte am Start. Das Resultat: Ich fange 5 Sachen gleichzeitig an und bringe kaum etwas zu Ende. Statt lieber nur 2 Sachen zu machen, mehr Zeit dafür zu haben und alles auch fertig zu bringen.

So nachdem Motto: Weniger ist mehr. Wenn die 2 Sachen dann fertig sind, kommen die nächsten Sachen oder Projekten dran.

Aktionen die sich lohnen!

Ich habe gelernt lieber nur ein bis 2 Sachen auf einmal zu machen, wie 10 Sachen anzufangen und nichts zu beenden.

Es gibt im Leben viel wichtigeres als nur zu arbeiten oder für andere zu funktionieren. Familie und Freunden sind genauso wichtig und deshalb sollte man auch die Zeit mit seinen Mitmenschen nutzen die vor der Eigenen Haustüre sich befinden.

Genauso wichtig finde ich aber auch, dass man für sich selbst da sein muss und sich für die Dinge Zeit nehmen, die einem selbst erfreut und Spaß macht.

4. ZU MEINEM GLAUBEN STEHEN!

Dieses Thema beschäftigt mich, denn es ist sehr wichtig und bestimmt mein Leben Positiv oder negativ je nachdem wie ich mich entscheide. Durch eigene Erfahrung kann ich nur bestätigen, das der Glaube immer sich Positiv bemerkbar macht und auch zeigt. Beten hilft mir immer egal wie es mir gerade geht und dazu stehe ich auch.

Denn der Glaube gibt mir nicht nur Kraft und Lebensfreude sondern auch Hoffnung alles schaffen zu können, was ich mir auch vornehme, egal wie Kompliziert es auch sein mag, nichts ist unmöglich, den Glaube versetzt Berge und das kann ich nur zu bestätigen. Bis jetzt sind noch alle meine Wünsche und Gedanken in Erfüllung gegangen. Aber ganz wichtig ist auch, Dankbar zu sein und sich im stillen Gebet zu bedanken für das was man hat und erreichen durfte und nicht nur dann beten, wenn etwas schreckliches bevorsteht.

Einfach eine himmlische Beziehung zu sich und den Himmel führen. Für mich an erster Stelle Jesus Christus, der für uns aller Sünden gestorben ist. Einfach Dankbar sein und in Liebe handeln. Egal was ich mache. Immer in Liebe handeln.

Aktionen die sich lohnen!

Jeden morgen fange ich an zu Beten und Bitte dem Herren mir die nötige Kraft und Energie zu geben, die ich am Tag brauche um alles meistern zu können, was an diesem Tag passiert. Abends bin ich so Dankbar, dass es ein toller Tag war und mein Gebet erhört wurde.

Ich höre während der Arbeit in meinen Gedanken Lobpreis Musik und das gibt mir die nötige Power und Energie. Außerdem weckt es in mir die Lebensfreude. Wenn ich dann zuhause bin, höre ich mindestens 45 Minuten Lobpreis Musik und singe auch dazu. Das füllt meinen Akku wieder auf und ich könnte Bäume herausreißen.

Ich schreibe auch Texte indem ich mich bedanke. Außerdem ist es wichtig generell sich auch mal zu bedanken und nicht immer nur dann zu kommen, wenn man Hilfe benötigt. Dankbar zu sein, ist extrem wichtig und das sollten wir uns alle auch zu Herzen nehmen.

5 . POSITIV DENKEN!

Gerade in dieser schwierigen Zeit ist es wichtig, Positiv zu bleiben. In den ganzen Nachrichten höre ich immer nur schlimme Sachen. Negative Nachrichten. Mord und Totschlag, dazu noch schlechtes Wetter.

Auch die Menschen während der Arbeit, wenn man deren Gesichter sieht, dann müsste ich den ganzen Tag lang nur im Kopfstand herumzulaufen um deren Laune und Gesichter zu ertragen. Denn wenn ich ein Kopfstand mache, dann sehe ich diese Menschen auch richtig glücklich lachen.

Leider habe ich oft das Gefühl, das schlechte Laune richtig ansteckend ist. Dabei wäre doch gute Laune viel besser und schöner. Ich habe mir gedacht, ich mache da nicht mit und bin ein Spielverderber. Dabei werde ich nur Positive Beiträge und gut gelaunter Musik in Facebook stellen und werde einfach Positiv bleiben. Mir egal was die Menschen von mir Denken, mir macht es Spaß Positiv zu bleiben. Einer muss ja mit anfangen.

Aktionen die sich lohnen!

Ich schreibe jeden Tag 3 tolle oder schöne Momente auf, die ich heute erlebt habe und halte sie in einem Buch fest. So denke ich oft zurück und lese dieses Buch, falls es mir mal nicht so gut geht um mich wieder hochzuziehen.

Ich suche mir nur Positive Dinge im Netz oder in Youtube und poste es auf Facebook. Es kann natürlich auch Musik sein, die für gute Laune sorgt. Selbst Sachen zum Lachen poste ich.

Ich stelle mir grundsätzlich nur Positive Gedanken vor und versuche jeden Tag Dankbar zu sein. Und nehme den Tag so wie er kommt. Mein Glaube ist Positiv und der Tag ist immer eigentlich gut.

6. MEHR LACHEN!

Ja, richtig gehört. Ich lache sehr gerne und das zeige ich auch. Ich hab sogar ein Begrüßungstick. Egal ob ich die Leute kenne oder nicht. Muss ich Autos die an mir Vorbeifahren begrüßen. Ich kann auch nichts dafür, es passiert einfach. Manchen Menschen oder auch Freunden bzw. Familienmitglieder ist richtig unangenehm, wenn sie mit mir spazieren gehen, denn ich grüße ja ständig. Dann werde ich oft auch gefragt ob ich die Menschen kenne, dann sage ich immer ja, ging zwar jetzt zu schnell, aber die meisten Menschen im Ort kennt man ja vom sehen her.

Aktionen die sich lohnen!

Ich schaue oft in den Spiegel und versuche immer selbst zu lachen und zu strahlen. Lachjoga tut der Seele gut und wirkt sehr befreiend für mich.

Ich schaue mir oft lustige Videos oder auch Comedy in Youtube an, denn Lachen ist sehr gesund und ja wer viel Lacht im Leben, der hat eindeutig mehr Spaß und Freude und das überträgt sich dann auch auf sein ganzes Umfeld positiv aus.

Manchmal sind auch Witze für eine Kleine Unterhaltung sehr gut und für die Harmonie von großer Bedeutung. Situation Comedy oder auch Selbstironie als wenn man über sich selbst lachen kann, dann macht es einen noch mehr sympathischer im Alltag.

7. GUTE TATEN!

Ich habe mir oft vorgenommen, Gute taten zu machen. Zwar jetzt nicht jeden Tag aber ab und zu kann ich schon mal was machen. Habe schon Kuchen der Mitarbeiter spendiert. Habe schon des Öfteren im Altersheim Volkslieder gesungen oder sogar für jeden Bewohner im Altersheim ein Brief geschrieben. Ich habe für verschiedene sozialen Projekten, die mir sehr am Herzen liegen, ein Benefizkonzert veranstaltet.

Habe schon für unsere Kindergarten eine Leseveranstaltung durchgeführt. War schon in Hamburg gewesen und habe dort für die Obdachlosen Menschen gespendet. Habe sogar eine Patenschaft bei Plan für ein Mädchen übernommen usw. Gute taten kann jeder machen und tun auch überhaupt nicht weh. Es gibt heutzutage so viele Möglichkeiten etwas daraus zu machen.

Aktionen die sich lohnen!

Einfach mal jemanden den man mag eine kleine Freude ins Gesicht zu zaubern, ist keine Kunst. Dazu mal einen Kaffee oder irgendetwas z.B. Blumen spendieren und Dankbar sein weil es von Herzen kommt ist immer eine gute Sache.

Einfach so auf etwas aufmerksam oder Werbung für etwas zu machen was man selbst gut findet ist mindestens genauso eine gute Tat. Denn je mehr davon mitbekommen, desto mehr Fans werden diese dann auch haben.

Gute Taten fängt bei sich selbst an und kann sehr ansteckend sein. Jeder Mensch sollte mal etwas gutes machen, denn diese kleinen Dingen können von großer Wirkung sein und erreichen so viele Menschen. Ein kleines Video kann die ganze Welt verändern.

8. REISEN!

Ich müsste lügen wenn ich sagen würde, dass reisen nicht schön sind. Ganz im Gegenteil, ich durfte schon soviel erleben. Durch meine Hobbys bin ich ganz schön weit herumgekommen. Ich war schon in China Xiamen sowie in Südkorea und den USA in Cinnatti gewesen. Alle drei durch das Singen. Es waren nämlich jeweils die World Choir Games gewesen. Die Weltmeisterschaften im Chorsingen. So etwas gibt es auch. Allein die unterschiedlichsten Kulturen machen den Reisereiz auch so was von aus. Neue Sprachen, Essen, Trinken, Lebensverhältnisse und überhaupt auch die Sehenswürdigkeiten sind echt einmalig und immer eine Reise wert. Von Kulturschock bis Wow ist alles drin und wir können von allem so viel lernen und mitnehmen. Menschen die in den ärmsten Regionen und Länder leben, aber so warmherzig und Freundlich sind und das Leben mit sehr viel weniger besser genießen und Zufriedener und Glücklicher wirken und auch sind. Hat mir oft zu denken gegeben. Wieso können wir nicht auch glücklicher und zufriedener sein. Wir wo wirklich alles haben und besitzen. Wo wir frei leben dürfen und es kein Krieg gibt. Wieso sind wir am unglücklichsten. Wieso sind wir mit nichts zufrieden? Was stimmt mit uns Europäer nicht? Wir müssten, wirklich die zufriedensten, glücklichsten, reichsten und gesundende Menschen gehören und sein. Aber mir scheint gerade das Gegenteil zu sein.

Aktionen die sich lohnen!

Ich finde einmal bis maximal 2 mal pro Jahr soll man sich einen Urlaub gönnen und irgendwo hinfahren, an Orten wo man sich inspirieren und erholen kann.

Manchmal ist ein Perspektive Wechsel eine Willkommende Abwechslung und macht uns bewusst, was wir bisher erreicht haben und wie gut es uns doch geht.

Ein Jahr als Austausch kann unser ganzes Leben verändern und uns reifer und stärker machen. Außerdem kann man seine Englisch Kenntnisse einmal mehr unter Beweis stellen und gezielt einsetzen.

9. DANKBAR SEIN!

Dieser Punkt ist mir sehr wichtig. Ich bin für vieles Dankbar. Das es meiner Familie und Freunden und mir sehr gut geht. Das wir gesund sind. Das ich in einem Land aufwachsen darf, wo Freiheit und Gerechtigkeit an erster Stelle steht. Wo man seine Meinung frei sagen darf. Wo man sich ständig weiterbilden kann und alles nachholen darf. Wo man sich eine Pause gönnen darf und dann wieder weitermachen kann, wo man aufgehört hat. Einfach Dankbar für alles, das man Leben darf und die Möglichkeit hat etwas gutes und Positives aus seinem Leben etwas zu machen.

Aktionen die sich lohnen!

Ich versuche jeden Tag Dankbar zu sein, dass ich und meiner Familie Gesund sind und ich gute Freunde habe auf die ich immer bauen kann.

Es ist nicht selbst verständlich, dass man bei der Geburt schon das Glück hat im guten Umfeld und an sicherer Orten geboren zu sein und dort aufwachsen zu können. Das muss man sich immer wieder bewusst machen.

Ich bin dankbar dafür, dass ich jederzeit und überall die Möglichkeit habe etwas aus meinem Leben zu machen und ich frei gestalten darf. Und dazu beitragen kann, dass die Welt etwas Positiver sein wird.

10. HILFE ZULASSEN!

Manchmal gibt es Punkte, wo ich einfach nicht mehr weiter weiß und dann ist es sehr gut, wenn man Menschen oder Freunden hat, die einem weiterhelfen und gute Ratschläge für mich parat haben. Manchmal muss man einfach Hilfe annehmen. Man kann nicht einfach immer alles alleine schaffen. Darum sind ja auch gute Freunde da. Oder die Familie oder einfach Menschen, die sich darauf fokussiert und spezialisiert haben.

Aktionen die sich lohnen!

Oftmals denke ich über mein Leben nach und komme wie bei einer Blockade keinen Schritt weiter. Dann bin ich so froh, wenn ich Freunden anrufen kann und mit netten Gesprächen danach weiter bin.

Niemand kann sein Leben im Alleingang marschieren ohne, dass es von Anfang an bis zum Schluss ohne Probleme funktioniert. Es wird immer Auseinandersetzungen und zur Meinungsverschiedenheit kommen. Dann ist es gut, wenn man vernünftig mit anderen Menschen einen Mittelweg findet, wo jeder zufrieden ist.

Ich möchte soviel wie möglich vielen Menschen helfen, aber genauso muss man selbst auch akzeptieren, wenn man mal daneben liegt und andere Menschen greifen ein um mich daran zu erinnern meine Meinung aus gewissen und berechtigten Gründen nochmals zu bedenken und überlegen.

11. ABSCHALTEN UND MEIN LEBEN GENIEßEN DURCH MUSIK HÖREN!

Ich habe mir angewöhnt nur noch Sachen zu machen, die mir gefallen und mir Freude bereiten. Musik hören z.B. da kann ich am Besten abschalten. Soundtrack ist zu empfehlen. Denn da gibt es ja nur Filmmusik ohne Gesang zu hören. Oder ich höre auch sehr gerne Worship und Lobpreis Musik. Kirchliche und Christliche Musik.

Entweder singe ich mit oder ich höre nur und ruhe mich dabei aus. Die macht mein Akku wieder voll und ich spüre die totale Lebensfreude. Das hilft immer egal wie Stressig mein Arbeitstag auch gewesen ist.

Aktionen die sich lohnen!

1. Ich höre oft Soundtracks von Filmen mir an, denn da kann ich abschalten und muss nichts übersetzen. Außerdem kann ich so am allerbesten über verschiedene Dinge nachdenken.

2. Ich höre jeden Tag Worship Musik und mache Anbetung. Es gibt mir die nötigste Kraft und Power und mein ganzer Akku wird wieder aufgeladen, so dass ich wieder genug Energie habe um den Tag in vollen Zügen zu genießen.

3. Ich höre auch Musik in einer Sprache die ich nicht kann so gehen verschiedene Dinge durch meinen Kopf und ich kann mich da voll und ganz auf meinen Gedanken konzentrieren.

12. SPAREN FÜR ANDERE ZWECKE!

Sparen ist Lebensnotwendig. Da ich nicht rauche spare ich monatlich schon genug Geld. Trotzdem habe ich ein Laster. Ich gebe mein Geld für Soziale Organisationen aus, so dass ich kaum selbst etwas habe. Aber mir geht es einfach danach sehr gut, denn ich brauche kein Luxus um Glücklich und zufrieden zu sein.

Wenn es andere Menschen gut geht und ich geholfen habe, dann geht es mir hervorragend. Ich kann es nicht beschreiben, dass können wohl auch nur Menschen verstehen, die so ähnlich oder genauso handeln wie ich.

Aktionen die sich lohnen!

1. Ich lege mir bewusst Geld weg, z.B. wenn ich rauchen würde, was ich nicht tue, dann stelle ich mir vor ich würde 5 bis 10 Euro pro Tag für Zigaretten ausgeben was im Monat 140 bis 280 Euro wäre. Dieses Geld lege ich zur Seite und Spar es für andere Sachen, die mir sehr am Herzen liegen.

2. Wenn man sich einen Wochenbetrag zurecht legt, sagen wir 50 Euro, wo man ausgeben kann wären das etwa 200 Euro im Monat. Entweder man gibt jetzt nur 30 Euro in der Woche aus, dann kann man in der 2. Woche 70 Euro ausgeben oder man spart die 20 Euro für Urlaub und so weiter.

3. Ich habe mir extra einen Nebenjob ausgesucht um das Geld für meine Wünsche Träume und Ziele zu sparen und auszugeben, sodass mein eigentlicher Konto von meiner richtigen Arbeit nicht darunter leidet und ich trotzdem auf bestimmte Dinge sparen kann.

13. VERZICHTEN.

Verzichten ist sehr wichtig. Denn viele Menschen haben überhaupt nichts und leben glücklicher und bewusster. Deshalb ist es wichtig wie ich finde auf bestimmte Sachen zu verzichten. Ich brauche wie gesagt nicht sehr viel um leben zu können.

Materiale Dinge fliegen oft im Zimmer herum und werden kaum benutzt haben aber oft viel Geld gekostet. Deshalb lieber mal versuchen zu Fasten. 40 Tage lang ohne die Sachen auszukommen. Selbst wenn man Kleider sieht, versuchen zu Widerstehen. Das gesparte Geld dann lieber für etwas nützliches ausgeben oder spenden.

Aktionen die sich lohnen!

1. Ich gehe oft statt Shoppen nur schauen und wenn mir etwas gefällt, dann lege ich den Preis zur Seite so kann ich auf etwas verzichten und gleichzeitig Geld sparen.

2. Ich denke oft an ärmeren Menschen in andern Ländern, die nichts haben und zum Teil mehr Freude ausstrahlen und glücklicher sind. Das gibt mir selbst den Antrieb oder die Motivation nichts haben zu wollen.

3. Ich muss nicht immer der erste Sein und das neuste und beste Handy oder Computer haben zu müssen. Außerdem kostet es am Anfang sehr viel Geld. Dann verzichte ich lieber ein Jahr und dann bekomme ich es fast umsonst oder geschenkt. So kann man auch Sparen.

14. TRAUM ERFÜLLEN!

Ich werde mir mit diesem Buch einen Traum erfüllen. Ich wollte schon immer einmal ein eigenes Buch herausbringen. 37 Jahre hat es gedauert, aber immerhin. Es hat endlich geklappt. Egal, was für ein Traum es auch ist. Mit viel Zeit, Erfahrungen, Ausdauer kann man alles schaffen.

Danach ist man überglücklich, wenn man es durchgezogen hat. Jeder Mensch fängt mal klein an und Rom wurde auch nicht an einem Tag gebaut. Aber diejenige die drangeblieben sind und niemals aufgegeben haben, werden sich später einmal selbst belohnen.

Aktionen die sich lohnen!

1. Ich nehme mir täglich vor 1 bis 2 Stunden Zeit und Aufwand für meine Träume und Ziele bzw. Wünsche zu nehmen und zu investieren. Denn ohne Fleiß keinen Preis.

2.Größere Ziele oder Träume verliere ich niemals aus den Augen, es gibt Momente im Leben da muss man kurz mal loslassen und einen anderen oder neueren Weg einschlagen. Deshalb kann es schon passieren, dass es Jahrelang dauert bis man einer seiner großen Ziele erreicht hat.

3. Ich nehme mir oft Zeit um Sachen zu analisieren und Hilfe von Freunden an, die mir helfen meine Ziele zu erreichen. Oftmals geht es nur im Team und das ist gut, denn jeder hat besondere Fähigkeiten und gemeinsam können wir alles schaffen.

15. MENSCHLICHKEIT
VORANGEHEN!

Menschlichkeit ist das A und O in unsere Gesellschaft. Ich wollte immer mit Liebe und Respekt allen Menschen gegenüberstehen. Egal ob Kinder oder Erwachsene. Egal ob Frau oder Mann. Egal ob Reinigungskräfte oder Bankangestellte. Egal ob Obdachlosen oder Multi Millionär.

Ich möchte allen Menschen mit Liebe und Respekt begegnen und behandeln. Bei mir sind in erster Linie alle gleich und es gibt da kein besser oder schlechter. Denn wir sind alle mit nichts auf die Welt gekommen und jeder Mensch hat die gleichen Vorrausetzungen nur in verschiedenen Orten oder Verhältnisse.

Deshalb ist Liebe und Respekt der einigste Weg um gemeinsam in Frieden zu leben.

Aktionen die sich lohnen!

1. Ich schaue nicht auf andere Menschen, sondern mache das was ich selbst für richtig halte und ich möchte auch mit Liebe und Respekt behandelt werden und gehe deshalb mit gutem Beispiel voran und lebe dies voll aus.

2. Wenn jemand Hilfe braucht und ich sehe es, dann Helfe ich. Das kann alles mögliche sein. Wie z.B. die Tür aufhalten, wenn jemand voll gepackt ist. Menschen anlachen am Morgen und nicht verbissen schauen wie viele das machen.

3. Sich für Fremde und Schwachen Menschen einsetzen. Genauso aber auch für unsere Obdachlosen Menschen, die sich nicht mehr verständigen können.

16. AUF MEIN HERZ HÖREN!

Manchmal muss man sich im Leben entscheiden und es ist nicht immer leicht. Es gibt Vorteile für dies aber auch für das. Genauso auch Nachteile für dies aber auch das. Manchmal werden wir im Leben auch gezwungen etwas zu tun oder machen, wo wir überhaupt keine Lust dazu haben und wo wir uns nur herumquälen.

Bei solchen Entscheidungen lasse ich oft mein Verstand aus und höre auf mein Herz. Das Herz lügt niemals und es entscheidet sich immer zu meinem Gunsten. Während der Verstand nur die jetzige Situation beschreibt und bestimmt aber nicht auf langfristige Dauer.

Deshalb soll man auch mehr auf sein Herz hören, denn es trügt niemals und will nur das Beste für mich.

Aktionen die sich lohnen!

1. Mein Herz lügt mich niemals an und weiß was mir gefällt. Wenn ich auf mein Herz höre dann entscheide ich mich oft gegen den Verstand und auch wenn es viele Menschen oder auch in der Familie oder im Freudenkreis diese Entscheidungen nicht verstehen können, aber es für mich absolut richtig anfühlt und okay ist. Dann ist es genau richtig.

2. Manchmal leben wir unser Alltag Tag für Tag und sind nicht richtig Glücklich,   weil wir was machen oder gezwungen werden, was uns nichts mehr gibt oder kaum mehr Spaß und Freude bereitet. Wir machen das nur wegen des Geldes bei der Arbeit. Dann wird es höchste Zeit einen anderen Weg einzuschlagen und uns verändern indem wir eine neue Herausforderung suchen und dann müssen wir auf unser Herz hören, denn es sagt was wir lieber tun wollen.

3. Wenn ich komplett mein Herz folge, dann bin ich der glücklichste Mensch weit und breit. Aber es bedeutet auch Abstriche und Aussortierungen z.B. im Umfeld. Denn das geht nur wenn man mit Menschen unterwegs sind, die einem auch alles von Herzen gönnen und immer Positiv denken.

17. NEUE SEITEN FÜR SICH ENTDECKEN!

Ich bin ein Mensch, der gerne bereit ist neues an mich selbst zu entdecken um mich weiterzubilden. Ich muss kreativ bleiben und darf niemals stehen bleiben. Das bedeutet, dass ich versuche immer neues zu machen und auch auszuprobieren.

Denn wenn ich stehen bleiben würde, dann würde ich im wahrsten Sinne des Wortes außen wie innerlich verhungern. Deshalb finde ich es wichtig, neues zu erfahren um auch gleichzeitig herauszufinden, ob ich dafür gemacht bin oder nicht.

Es ist auch wichtig, denn so kann ich mal neue Seiten einschlagen, auch in der Richtung wo ich niemals gedacht hätte, es zu tun. Das ist von großer Bedeutung.

Aktionen die sich lohnen!

1. Immer nur dasselbe zu machen Tag für Tag ist auf Dauer langweilig. Deshalb probiere ich ständig neue Sachen aus und arbeite auch an meinen Schwächen. Das bedeutet, dass ich Anfange auch mal links zu schreiben, denn es könnte ja mal passieren, was ich nicht hoffe, dass ich mir mal den rechten Arm oder Hand breche und dann wäre es gut, wenn ich auch links alles machen könnte.

2. Manchmal muss man Sachen eben ausprobieren und ich würde am Liebsten auch selbst Kochen können und werde es eines Tages auch lernen. Das habe ich mir sehr oft vorgenommen, denn Essen und trinken muss jeder Mensch. Deshalb wäre es auch gut zu wissen, wie man Gesund kocht und trinken herstellt.

3. Ich singe sehr gerne kann aber weder Noten lesen noch ein Instrument spielen. Irgendwann werde ich eines Lernen. Spätestens wenn ich in Rente gehe und dann genug Zeit dafür habe.

18. MICH INSPIRIEREN LASSEN!

Es gibt Zeiten im leben, da komme ich oft nicht weiter und bleibe auf den Schlauch stehen. Dann versuche ich mich von anderen Menschen oder auch Vorbildern zu inspirieren in Form von Büchern oder auch Videos von Youtube.

Sogar viele Freunde von mir, sehe ich oft als eine Inspirationsquelle an. Soziale wie auch Private Inspiration finde ich persönlich sehr wichtig und geben mir die Notwendige Impulsen wieder weiter ins Leben zu kommen. Ich brauche oft Lernstoff um mein Gehirn mit guten Sachen und Gewissen zu füttern.

Wenn ich das nicht machen würde, dann würde mir sehr oft etwas im Leben fehlen und ich würde mir sehr leer vorkommen.

Aktionen die sich lohnen!

1. Es gibt wundervolle Menschen, die ein Handicap haben und trotzdem ihr ganzes Leben meistern und ein ganz normales Leben führen. Obwohl Sie zum Teil keine Arme oder Beine haben und besser bzw. geschickter sind, als Menschen die komplett Kerngesund sind. Solche Menschen nehme ich mir unter anderem als Vorbild und Inspiration.

2. Ich lasse mich von guten Taten sehr inspirieren und Positive Gedanken bzw. Videos. Denn das macht in uns sehr viel aus und ich versuche das jeden Tag umzusetzen.

3. Kinder sind so wertvoll und machen einfach ihr Ding. Sie haben so tolle Ideen und machen soviel Gutes. Dabei sehen sie Sachen, was wir Erwachsene nicht sehen wollen und das finde ich so inspirierend.

19. CARPE DIEM ODER AUCH DEN TAG NUTZEN!

Nach der Arbeit habe ich noch genug Zeit, etwas nützliches zu machen und Anzufangen. Ich nehme mir hierfür 2 bis 3 Stunden am Tag Zeit um das zu Tun was mir selbst Spaß macht und wo ich selbst einfach Abschalten kann.

Denn wenn ich nichts mehr anfangen würde und mich einfach nur noch schlafen legen würde, weil ich so geschafft bin, dann macht es keinen Spaß mehr und das ist nicht Sinn der Sache und des Lebens nichts aus seinem Leben zu machen.

Ich habe genug Zeit, Kleinigkeiten in die Tat umzusetzen und in den Tag zu investieren. Der Ausgleich sind bei mir Hobbys aber auch Private Angelegenheiten.

Aktionen die sich lohnen!

1. Jeder Tag hat 24 Stunden und somit Zeit genug um 3 bis 5 Stunden in seine Träume und Ziele zu investieren und sein Leben in vollen Zügen zu genießen.

2. Jeder Tag ist auch ein Neuanfang und wir können jeden Tag etwas Positives bewirken und versuchen mit unserer inneren Einstellung unsere Mitmenschen zu motivieren ebenso etwas Gutes zu machen und beizusteuern.

3. Ich nehme mir einmal in der Woche bzw. im Monat Zeit um mich so richtig selbst zu belohnen, für das was ich immer wieder in der Lage bin Leistung um Leistung abzurufen. Was für eine innere Kraft in uns steckt, wenn wir beten und daran glauben. Die Power und Energie ist der helle Wahnsinn und so ist es nur gerecht, dass man sich selbst dafür auch belohnen tut.

20. VIERZIG TAGE FASTEN!

Ich mache oft verschiedene Projekte für mich selbst indem ich mir sage dass ich für jedes Projekt 40 Tage lang Zeit habe, es für mich selbst zu Erfüllen. Ich kann so bis 9 Projekte pro Jahr schaffen. Aber selbst wenn ich nur 4 bis 5 Projekte geschafft habe, dann habe ich schon sehr viel erreicht und kann zufrieden mit mir sein.

Das kann alles Mögliche sein. Z.B: Arbeit suchen und Finden. Ein Buch schreiben. Zimmer renovieren.

Ich finde zu fasten, dass muss erstens nicht nur an Ostern sein und zweitens kann die Zahl 40 auch etwas sein, bei dem man sich so lange Zeit nimmt für etwas und es dann versucht in dieser Zeit auch zu schaffen und durchzuziehen.

Aktionen die sich lohnen:

Ich stelle mir Ende des Jahres Vorsetze bzw. Sachen an denen ich Persönlich arbeiten möchte fest, sodass ich es gleich im Neuen Jahr loslegen in die Tat umsetzen kann.

Ich versuche immer Offen und Abwechslungsreich zu sein und zu bleiben und suche mir daher Ziele aus um Frisch zu wirken und Ideenreich zu überraschen.

Ich arbeite oft an Schwächeren Seiten von mir und versuche auch die schwächere Hand oder Fuß im Einsatz zu haben. Mit links schreiben.

Tipps

Berufe: Warum ich arbeiten gehe:

Ich habe früher verschiedene Praktika gemacht und in den Schulferien mir so etwas in Betrieben Geld dazu verdient. Man kann somit sich schon mal in Betrieben gewöhnen und hat die Chance später mal dort eine Ausbildung zu machen.

Ich habe die Arbeit durch Bekannte von Freunden bekommen und musste mich nur noch bewerben und ein Lebenslauf schreiben.

Ich könnte noch wenn ich wollte mich weiterbilden und eine Abendschule machen.

Ich habe verschiedene Hobbys und kann somit den Kopf freibekommen für den nächsten Tag und freue mich so auf die Arbeit.

Ich stelle mir immer vor, das was ich jetzt mache ist mein Traumberuf und tue das sehr gerne. Natürlich gibt es oft auch Tage, wo ich überhaupt keine Lust dazu habe jetzt zu arbeiten, aber ich setzte mir immer dann auch Ziele wofür ich arbeiten gehe und dann bekomme ich wieder Lust.

Berufe: Warum ich Urlaub brauche.

Ich bleibe oft länger liegen und gehe später zu Bett.

Mache ich oft Dinge, die ich sonst nicht machen könnte, wenn ich arbeiten müsste, weil mir die Zeit oft fehlt oder ich dann keine Lust mehr dazu habe, weil ich zu kaputt bin. (Aufräume Aktionen bzw. Renovierungsarbeiten).

Ich kann mich besser um meine Hobbys kümmern und statt Reisen oder Urlaub nutze ich die Gelegenheit oft dazu meine Sozialen Kontakte in den verschieden Projekten nachzugehen und mache oft Tagesreisen.

Ich gehe oft Einkaufen und freue mich die Sachen, die ich mir geleistet habe dann auch in die Tat und zuhause umzusetzen.

Ich kann das was ich sehr gerne mache tun und genieße mein Urlaub in vollen Zügen und ruhe mich mal so richtig aus ohne Zeitdruck haben zu müssen.

Warum ich Hobbys brauche:

Ich brauche ein Hobby um mich so richtig zu entspannen, deshalb mache ich auch Sport und laufe sehr gerne 2 bis 3 Km hin und zurück.

Durch das auswendig singen im Chor, trainier ich mein Gedächtnis, denn es kommen einige Lieder für Konzerte zusammen und das prägt sich auch auf mein komplettes Leben ein.

Wenn man in ein Dorf wohnt so wie ich es tue, dann ist das Gemeinschaftsleben von großer Bedeutung, denn jeder kennt jeden und deshalb ist es wichtig zusammen etwas zu machen. Wir waren früher als Kinder über 30 die jeden Tag auf den Sportplatz waren und gekickt haben. Von jung bis älter.

Wenn ich wirklich jeden Tag nur arbeiten würde und sonst nichts und das Jahr für Jahr, dann würde mir nicht nur die Decke auf den Kopf fliegen sondern mir würde wahrscheinlich eine Menge an Spaß und Freude fehlen, deshalb brauche ich eine Aktionsreiche Abwechslung um mich zu beschäftigen.

Mein komplettes Selbstvertrauen habe ich durch meine verschiedenen Hobbys geholt. Sie haben mich gestärkt und stets besser gemacht.

Wie man an Hobbys rankommt:

Ich habe mir überlegt, was mir in der Tat Spaß und Freude machen könnte und habe dann in meinem Umfeld nach verschiedenen Möglichkeiten umgehört und geschaut. Dann bin ich dort hingegangen und mir hat es so gut gefallen, dass ich dort geblieben bin.

Ein Hobby zu betreiben bedeutet für mich auch in Gemeinschaft zu leben. Wenn ich ein Hobby richtig betreibe, dann mit allen Konsequenzen. Das heißt, in guten wie in schlechten Zeiten alles für den Verein zu geben und stets das beste herausholen.

Mein Motto ist auch: Entweder Richtig oder gar nicht, denn das wäre gegenüber den anderen Vereinsmitglieder unfair, wenn man nur mit halben Elan dabei ist und die anderen mit vollen Herzblut alles für den Verein geben werden.

Man muss es einfach machen. Z.B. jeder Mensch fängt mal klein an und ein Hobby könnte natürlich auch ein Buch zu schreiben sein. Ich z.B. schreibe sehr gerne, weil mir ständig Dinge, oder auch Gedanken durch den Kopf fliegen und somit ist für mich klar, ich muss irgendwann einmal, wenn der richtige Zeitpunkt gekommen ist, ein Buch schreiben. Ich denke, dass muss so sein.

Irgendwann muss alles raus und es ist wie eine Explosion und man kann gar nicht anders, als etwas was einem am Herzen liegt in die Öffentlichkeit herauszubringen.

Durch Freunde bin ich auch in verschiedenen Aktivitäten mitgeschleift worden. Natürlich wird es auch Hobbys geben, die einem selbst nicht soviel geben oder bringen. Aber alleine die Erfahrung ist es wert, man muss wie gesagt es selbst überhaupt ausprobiert haben um für sich feststellen zu können ja oder nein.

Je mehr Interesse man hat und sich für viele Dinge im Leben begeistern kann, hat man natürlich eine große Reichweite mit der Zeit aufgebaut und kann eine Menge erreichen.

Für die Liebe:

Ich behandele meine Mitmenschen mit sehr viel Liebe und Respekt. Ich möchte ja auch lieb und nett behandelt werden und daher ist es wichtig zu nehmen aber auch zu geben im gesunden Ausgleich.

Einfach mal den Menschen oder auch den Fremden eine tolle Geste zeigen und Überraschen. Das kann in Form eines Gesprächs sein, oder auch Blumen für die Frau einfach mal so als Dankbarkeit sein. Ja, kleine Gesten versüßen den Tag mit Harmonie und Freudensprünge und bewirken großes.

Manchmal muss man den ersten Schritt machen und auf Menschen zugehen, wenn Meinungsverschiedenheit sind und sich wieder versöhnen. Auch wenn es schwer fällt etwas zuzugeben, aber es lässt sich nicht ganz vermeiden.

Gedichte oder etwas singen für jemanden, dem einen sehr zu Herzen liegt kann eine positive Wirkung sein und für die Liebe groß werden.

Was würde Jesus Christus wohl machen? Er ist der Beweis für die Größte Liebesbeweis für uns Menschen, denn er ist für die gesamte Menschheit gestorben, das wir leben dürfen. Also für dich genauso wie auch für mich. Keiner liebt mehr oder besser als Jesus Christus. Was die Liebe oder Menschlichkeit betrifft, ist Jesus das größte Vorbild für uns aller Menschen was Liebe und Menschlichkeit betrifft. Er gibt uns ständige Liebe und seine Wärme ist unendlich groß und das sollte uns allen zu Gedenken geben.

Soziales Engagement:

Ich habe mich im Internet schlau gemacht, was es alles so an Sozialen Projekten gibt und das ist nicht wenig. Jeder Mensch der danach sucht sollte auch fündig werden. Denn es gibt für vieles verschiedene Projekte die sehr fördernd und wichtig für unsere Gesellschaft sind.

Durch Freunden bin auch zu dem einen oder andern Projekt zugestoßen, dass ich jetzt auch Fördere finanziell wie auch aktiv.

Reportagen im Fernsehen können auch einen Anblick und Reiz schaffen, tolle Sachen zu unterstützen. Es gibt viele Möglichkeiten heutzutage wie man sich selbst nützlich machen kann.

Ich wollte immer schon Projekte unterstützen die mir gefallen haben und ans Herz gewachsen sind. Es macht mir auch sehr viel Spaß und bereitet mir große Freude, wenn ich anderen Menschen Helfen kann in was für einer Art und Weise auch immer. Obdachlosigkeit, wie Kinder in Armut oder Kinder die schwer krank sind, solche Vereine unterstütze ich sehr gerne.

Nicht nur im Ausland sondern auch im eigenen Land gibt es Probleme und sogar vor der eigenen Haustüre gibt es tolle Möglichkeiten sich zu engagieren. Wir haben einen Kulturverein Sozial wie auch Musikalisch wo man unterstützen und aktiv dabei sein kann.

Mich zu engagieren gibt mir soviel und es geht mir danach viel besser, weil ich weiß, dass ich wieder Gutes getan habe und das ist für mich wie eine legale Sucht und ich komme nicht von los und will immer mehr von. Ich brauche es, zu Helfen ist für mich zum Alltag geworden.

Träume:

Erst einmal brauche ich einen Ziel oder Traum um dann den nächsten Schritt angehen zu können. Je nachdem was es für ein Ziel ist, kann es kurz wie auch Jahre lang dauern, bis er erreicht worden ist.

Mit einem Ziel oder Traum fängt alles an und man kann dann vieles mehr mit machen. Sprich mit diesem Buch öffnen sich neue Möglichkeiten. Ich kann z.B. Lesungen durchführen und mit den Bucheinnahmen wiederum etwas Gutes machen, indem ich ein groß Teil dieser Einnahmen für verschiedene soziale Projekte spende und somit auch auf diese Projekte hinweise und aufmerksam mache. Mit einem Produkt, fängt also die Reise an.

Wenn ich kein Ziel vor Augen hätte, dann würde ich wohl nicht richtig leben und verdummt sterben. Denn wenn man für eine oder mehrer Sache brennt und alles geben würde, dieses Ziel zu erreichen was man sich in den Kopf gesetzt hat.

Manche Ziele lassen sich aber erst mit der Erfahrungen die man im Laufe der Jahre gesammelt hat erreichen und kann ein Lebensziel sein. Das erst mit 50 oder 60 Jahren in Erfüllung geht. Wichtig dabei ist, das man sein Ziel niemals aus den Augen verliert und bereit ist auch Umwege in Kauf zu nehmen. Manchmal muss man Umwege gehen, aber der lange Weg wird sich auf jeden Fall lohnen.

Man kann sich auch mehrere Ziele vornehmen und parallel daraufhin arbeiten. Auch seiner Schwächen nachzugehen und daran zu arbeiten kann ein persönliches Ziel sein. Mehr Geld zu verdienen und sein Leben in vollen Zügen zu genießen ist ebenfalls ein persönliches Ziel.

Besondere Tipps:

Ich habe mir überlegt, wenn ich zu Freunden gehe oder auch Übernachte, dass ich ihnen dann auch Geld gebe, so als ob ich in einem Hotel übernachten würde. Weil Essen, Trinken und Strom, kostet ja auch Geld und gerade in dieser Zeit, ist es Sinnvoll Freunden oder auch Familien zu unterstützen und zu helfen. Denn wenn ich in ein Hotel, oder Jugendherberge gehe, kostet es mich ja auch Geld. Insofern, kann man auch für guten Freunden so tun, als würde man in ein Hotel ziehen.

Ich bin der Meinung, wenn jemand Geld sammelt und man auch etwas Gutes tun will und sammelt z.B. Pfandflaschen oder hat Kleingeld übrig und schließt sich zusammen, mit denen dann kann man schneller etwas großes auf die Beine stellen. Gemeinsam ist alles viel besser und schneller.

Ich bin Bahnfahrer und plane Monate voraus, weil man da bis 100 Euro oder mehr Einfach sparen kann, dass heißt 200 bis 250 Euro kann man mit Hin und Rückfahrt sparen, wenn man früh genug bucht. Das ist viel Geld, was man sich sparen kann und sich dann z.B. für die Urlaubskasse gönnen könnte.

Wenn ich überhaupt nicht mehr weiter weiß, dann hole ich mir Rat und Tipps bei der Bibel und lese diese. Da steht für alle Bereiche etwas drin, was mich zum Nachdenken anregt und vor allem, was man tun und machen kann, dass es mir wieder besser geht. Die Bibel ist mein Schlüssel zum Erfolg.

Meine Lieblings-Zitate

Es gibt nichts Gutes
Außer man tut es!

Fang an die Welt ein klein bißchen besser
zu machen - das geht bereits mit einem
Lächeln!

Der Erfolg kommt dann, wenn Du tust
was Du liebst

Was ich liebe zu tun

Ich liebe es anderen Menschen zu helfen und diese Glücklich und zufrieden zu sehen. Wenn es anderen Menschen gut geht, dann geht es mir auch gut.

Ich liebe es auf Themen die mir gefallen und sehr am Herzen liegen aufmerksam zu machen und Beiträge zu teilen.

Ich liebe es zu tun was mir gefällt und es auszuleben.

Ich liebe es Positiv zu denken und mit Liebe zu handeln.

Ich liebe es für Überraschungen zu sorgen.

Das sagen Menschen über mich

Er ist wirklich ein toller Mensch

du bist so ein klasse Mensch

Sehr gute Einstellung zu Mitmenschen, so sollte jeder Mensch denken und handeln!! KLASSE !!!!

Es sollte mehr von den "Gutmenschen" geben ganz ganz toll!

Ein sehr wertvoller Mensch

Simon ich find's toll, wie engagiert du bist!

Wahnsinn Simon! Du bist wirklich ein Riesen Vorbild für alle

Klasse Simon, wo nimmst du nur all deine Energie her?

Danke das es dich gibt Simon!

Und inspiriert durch deinen Vortrag hat das HSG diese tolle Spendenaktion durchgeführt

Lieben Dank Simon, Dein Postpaket war gestern rechtzeitig noch angekommen Vielen lieben Dank für die Spende. sie wurde gestern mit verteilt (25.4.)

Super. Tolle Aktion. Freue mich, vielen Dank.

Ich bin auch begeistert vom Plakat und der Idee. Wird bestimmt ein ganz besonderer Abend!

Simon du bist ein wahres Vorbild! Ich wünsche es gäbe mehr Menschen wie dich....da wäre die Welt ein ganz anderer Ort.
Du bist echt klasse

Simon, Du bist großartig!

Toller Beitrag Simon Dost wir danken dir für die Hilfe

Simon es ist schön dich zu kennen

Lieber Simon, Du bedankst Dich bei so vielen Menschen und Momenten... doch jetzt möchte ich mal DIR danken !!! Ich kenne niemanden,wirklich NIEMANDEN , der so selbstlos und engagiert an so viele soziale Projekte heran geht, wie Du !!!! Es ist erstaunlich, was Du alles auf die Beine gestellt hast, wen Du alles unterstützt und Deine wertvolle Freizeit so füllst mit sozialem Einsatz. Dafür danke ich Dir! Wenn jeder zweite nur ein bisschen sozial von dem leistet , was Du tust, wird die Welt doch noch viel schneller wieder zu einem Ort, in dem es sich friedvoll gemeinsam leben lässt. Mach weiter so, sei ein Vorbild und pass bei allem gut auf Dich auf. Schnell vergisst man, die eigenen Kräfte einzuteilen. HAPPY NEW YEAR 2020

Ich wünsche dir viel Glück in deinem weiteren Leben, ich finde es so toll was du tust, wenn nur ein Teil der Menschheit so denken und handeln würde wie du, wäre die Welt ein besserer Ort.

Bist n Wahnsinns Typ Simon! Ich wünsch dir fürs neue Jahr nur das Beste!!

Unglaublich Simon Dost dieser Weg nach Hamburg um dabei zu sein und zu helfen. Es beschämt mich, dass so wenige Hamburger Bürger achtlos täglich an unseren Obdachlosen vorbei gehen und das mitnehmen einer Flasche Wasser für diese als Spende zu viel an den warmen Tagen war. Aber, aufregen lohnt sich nicht. Ja unglaublich, diese Helfer-Engel. Oft muss ich schlucken, da es voll and Herz geht. Leider kümmert sich selbst der Senat und die zweite Bürgermeisterin Frau Fegebank gar nicht um diese Menschen auf der Straße sondern sind nur bei großen

Veranstaltungen präsent. Dennoch, niemals aufgeben und dran bleiben

Simon, ich bewundere Deine Engagement !

Tolle Aktion, Simon

Platz für Deine Gedanken

_____

_____

_____

_____

_____

_____

_____

_____

_____

_____

_____

_____

_____

_____

_____

_____

_____

_____

_____

Danke, Dein Simon!